AF259861

L 42 6
17850.

RÉFLEXIONS

DU CITOYEN

J. REY-DELMAS,

Député de Saint-Domingue au Corps-Législatif,

SUR LA VALIDITÉ DE SON ÉLECTION.

RÉFLEXIONS

S O U M I S E S par le citoyen J. REY-
DELMAS , député de St.-Domingue
au Corps législatif, à la Commission
du Conseil des Cinq-Cents, composée
des Représentans du Peuple Mon-
mayou , Blad, Cholet, Chamborre,
Oudot , Guillemardet , Duport,
Leclerc (de Maine-et-Loire) , Hum-
bert (de la Meuse) , chargée du rapport à faire sur le procès-verbal de
l'Assemblée Electorale du département de l'Ouest de St.-Domingue,
tenue à Léogane , le 20 Germinal ,
an IV , portant nomination au Corps
législatif des citoyens Rey-Delmas ,
Fontaine , Bonnard et Lebon (1).

CITOYENS REPRÉSENTANS ,

Le conseil des cinq-cents vient de nommer
une commission , composée d'hommes éclairés

---

(1) On sera étonné sans doute de ce que mon collègue du Sud , Pinchinat , n'a pas présenté ses pouvoirs
en même temps que moi ; mais on louera les motifs
qui lui en font suspendre la remise : quand on saura
que sa délicatesse a seule déterminé sa démarche,

A

et impartiaux, à l'effet de vérifier mes pouvoirs ; quelque confiance que j'aie dans ses lumières et dans son impassibilité, je crois devoir lui fournir des renseignemens sans lesquels il seroit possible que sa religion fût trompée. Les événemens qui ont retardé notre arrivée en France, les circonstances qui l'ont précédée ou suivie, ont pu concourir à obscurcir la vérité, et à donner de nous des idées peu favorables ; il s'agit de dissiper les ténèbres, de prouver par des faits authentiques les motifs de notre long silence, et de faire appercevoir l'erreur commise à notre préjudice et à celui de nos commettans.

La loi du 22 août 1792 (style esclave) avoit accordé à la partie Française de l'isle de Saint-Domingue, dix-huit députés, pour la Convention nationale, à répartir entre les trois provinces du Nord, de l'Ouest et du Sud. Le commissaire Sonthonax fit nommer, au Cap français, en Septembre 1793, six députés pour représenter la province du Nord ; lesquels furent admis à la Convention nationale : ses collègues ne jugèrent pas à propos d'en faire autant dans les deux autres provinces. La coalition de plusieurs quartiers avec les Anglais, les Espagnols et les Émigrés ; la désorganisation de l'armée, la défection des forces de mer et de terre ; l'abandon des cultures ; l'insurrection et la révolte des Noirs ; la guerre

---

inculpé et dénoncé par Sonthonax, il veut se justifier aux yeux du gouvernement et confondre la calomnie et l'imposture, avant de demander son admission au Corps législatif, n'imitant point en cela son délateur, qui, pour se soustraire aux suites des imputations graves qui lui sont faites, s'est empressé de saisir le manteau de l'inviolabilité législative.

intérieure et extérieure , tous ces fléaux auxquels la Colonie étoit en proie , lors du rappel des Commissaires civils Polverel et Sonthonax , ne permirent pas aux habitans de l'Ouest et du Sud de s'occuper de la nommination et de l'envoi de leurs députés à la Convention nationale : ils ne songèrent qu'à réparer les maux qui affligeoient Saint-Domingue , et en moins de deux ans les plus heureux succès avoient couronné leur zèle et leurs travaux. C'est après avoir éteint la révolte , inspiré l'amour du travail , ranimé la culture , ravivé le commerce et l'industrie éteints depuis long temps , créé une marine , organisé l'armée , chassé l'ennemi de plusieurs points importans , et l'avoir réduit à l'inaction dans ses derniers retranchemens , que les chefs crurent qu'il étoit temps de remplir le vœu fortement exprimé par les habitans de l'Ouest et du Sud , de faire connoître à la Métropole leurs sentimens d'amour, de reconnoissance , de soumission et de fidélité à la République.

La France qui n'avoit pu jusqu'alors s'occuper des Colonies , songeoit aux moyens de les faire jouir des fruits de sa révolution , et la constitution de l'an 3 venoit de leur assurer le partage de ses bienfaits. C'est dans ces circonstances favorables que nos concitoyens mirent en nous leur confiance pour s'acquitter envers la mère-patrie , lui donner un gage de leur attachement à ses lois , lui exposer la situation vraie de la Colonie , et lui faire connoître ses besoins.

Nous serions partis incontinent , sans le défaut de bâtimens capables de se faire un passage à travers les escadres nombreuses de nos ennemis qui bloquoient tous nos ports. Les précautions qu'on vouloit prendre pour nous préserver de tomber

entre leurs mains, retardèrent notre départ jusqu'à l'arrivée des agents du gouvernement au
Cap français, chef lieu du département du Nord.
Nous attendions d'eux les moyens pour passer
en France, lorsque Sonthonax, fâché de n'avoir
pas été nommé dans nos élections (1), déclara
nos nominations illégales, défendit notre em-
barquement pour France, afin d'étouffer nos réclamations, et fit nommer de nouveaux députés,
au nombre desquels il se fit comprendre. Mais
les communes de nos départemens ayant protesté
contre la nouvelle élection, et maintenu de plus
fort la première, en nous engageant de nous
rendre sans délai à notre poste, nous nous dé-
terminâmes à partir, employant à cet effet une
voie peu sûre, de laquelle a résulté notre capture
par les Anglais, et une détention de neuf mois
à bord de leurs prisons flottantes. Les pièces que
nous mettrons sous les yeux de la commission,
en lui donnant des détails plus circonstanciés des
événemens que nous avons éprouvés et de notre
conduite, la mettra à portée d'apprécier le mérite
des imputations calomnieuses lancées contre
nous et qui ont produit l'injuste consigne de quatre
mois, qu'on nous a fait subir à Cherbourg, après
notre renvoi des prisons d'Angleterre.

C'est pendant qu'on étouffoit nos réclamations,
que les ennemis de Saint-Domingue et les nôtres,
ont surpris la bonne foi du Corps Législatif, en

---

(1) Sonthonax témoigna à mon collègue du Sud,
Salla, et au chef de brigade Boyé, envoyé au Cap
par le commissaire Roume, pour opérer l'entière
réconciliation de Laveaux avec Villate, son mécon-
tentement de ce que la Colonie ne lui avoit pas donné
cette marque d'attachement et de confiance.

lui faisant sanctionner l'injustice la plus révoltante, par l'admission d'une députation que la subornation, l'intrigue, la cabale et la violence avoient substitué à la légitime représentation de notre Colonie. Nous avons instruit le Conseil des Cinq-Cents de notre arrivée en France par deux adresses, l'une en thermidor et l'autre en fructidor dernier. Nous avons fait communiquer à la commission chargée du rapport à faire sur la validité des élections des députés faites au Cap, pour l'an IV et pour l'an V, les protestations des communes de l'Ouest et du Sud de Saint-Domingue contre la députation de fructidor, de de l'an IV; mais toutes nos démarches ont été infructueuses. Comment se fait-il qu'avec la connoissance qu'on avoit de l'existence d'une nomination antérieure; car, l'ex-représentant Marec, rapporteur de la commission des Colonies occidentailes, l'avoit annoncée dans son rapport du 11 ventôse dernier sur la situation de Saint-Domingue; comment se fait-il, dis-je, qu'on n'aye eu aucune égard à nos réclamations, ni à celles de nos commettans?

Les députés de Saint-Domingue déjà admis au Corps législatif, contre le vœu de tous les habitans de cette Colonie, ont attribué leur premier rejet à la faction de Vaublanc; mais cette faction nous étoit aussi contraire qu'à eux, ce dont on peut aisément se convaincre, par le refus qu'elle fesoit d'admettre aucune députation de Saint-Domingue, et par les calomnies qu'elle répandoit sur ses plus fidèles habitans. Nous convenons avec eux que les motifs qu'elle mettoit en avant pour priver les départemens extra-continentaux de leur représentation au Corps législatif pour l'an IV, étoient évidemment faux et perfides ; mais leur fausseté ne détruit pas les vices particuliers de l'élection du Nord de Saint-Domingue. La loi du 10 ventôse qui avoit déclaré nulles les élections faites par l'assemblée électorale tenue au Cap français pour l'an IV, n'étoit pas fondée seulement sur ce que Saint-Domingue n'avoit pas eu le droit de nommer ses députés au Corps législatif, elle l'étoit bien plus, sur les irrégularités et les violations de la Constitution dont elle se trouvoit entâchée ; et certes l'opinion des Vaublanc ne peut rien changer aux vérités de fait, ni préjudicier pour ou contre : nous eussions éprouvé le même sort que la députation de Sonthonax, si nous nous étions présentés avant que la faction qui vouloit priver Saint-Domingue de sa représentation fût anéantie ; mais qui peut douter que nous n'eussions été admis de préférence, après les 18 fructidor, si nos ennemis n'eussent circonvenu les autorités pour empêcher notre arrivée à Paris. Nous allons essayer de détruire les objections faites contre le droit que Saint-Domingue avoit d'élire ses députés au Corps législatif en l'an IV, et nous mettrons ensuite en parallèle l'élection faite au Cap, en fructidor, an IV, et celles précédement faites, en germinal, à Léogane, et aux Cayes.

Les Colonies françaises sont parties intégrantes de la République, et sont soumises à la même loi constitutionnelle. (Constitution, art. IV.)

L'acceptation de la constitution par le peuple français a été proclamée par la Convention nationale, le premier vendémiaire de l'an IV ; dès-lors toutes les parties de la République sont tenues de s'y soumettre, encore que quelques-unes eussent émis un vœu contraire.

Le Corps législatif doit déterminer la division de

Saint-Domingue, en quatre départemens au moins, en six au plus. (Constitution , art- VII.)

Quoique cette division ne fût pas faite , l'article 4 de la loi du premier vendémiaire , porte que *les députés de la Corse et ceux des Colonies continueront provisoirement leurs fonctions dans le nouveau Corps législatif , sans préjudice de leur rééligibilité par les autres départemens de la République ;* et à la loi du premier vendémiaire est annexé un *tableau du nombre des députés* à élire par chaque département , *dans lequel Saint-Domingue se trouve compris* pour vingt-deux députés, savoir , quinze à élire dans la Convention , et sept pour le nouveau tiers *de l'an IV*; quarante-cinq pour former la liste supplémentaire.

Si la Convention avoit voulu que les Colonies n'eussent point nommé de députés au Corps législatif en l'an IV , elle leur eût rendu commun l'article 10 , de la loi du 9 vendémiaire , qui prive la Belgique et le pays de Liége de leur représentation jusqu'en l'an V. Mais loin de là, elle a inscrit les Colonies dans l'état des départemens qui devoient nommer des députés pour l'an IV , et leur en a indiqué le nombre dans le même tableau qu'elle adressoit comme titre et comme guide à tous les départemens.

La loi du 20 nivôse , an V , exprime pareillement le droit reconnu aux Colonies d'une représentation au Corps legislatif , pour l'an IV , puisque dans les deux tiers des députations qu'elle les autorise à fournir : elle dit que l'un · de ces tiers à imputer pour l'an V , pourra recevoir des pouvoirs pour trois ans , et l'autre qu'on suppose n'avoir pas été nommé en l'an IV , ne pourra recevoir des pouvoirs que pour deux ans.

Quant à la division territoriale , l'article V de

la Constitution veut que *les cantons conservent leurs circonscriptions actuelles*. Or, l'île de Saint-Domingue avoit une division l'égale, non celle que lui donnoit la loi du 10 juillet 1791, qui n'en formoit qu'un seul département, divisé en districts ; mais celle que lui reconnoît la loi postérieure du 22 août 1792, qui dit, article 2, que la partie française de Saint-Domingue fournira dix-huit députés à la Convention, répartis entre les trois provinces du Nord, de l'Ouest et du Sud, qui forment sa division. Cette division en trois parties, n'a jamais cessé d'exister, et elle vient de servir de base à la nouvelle division de cette île en départemens. Les raisons que je viens de donner pour prouver le droit qu'avoit Saint-Dominque de nommer ses députés pour l'an IV, sont tirées en partie du rapport fait par le représentant *de la Coste*, en faveur des députés du Nord déjà admis ; ils nous sont également applicables. Je passe à ce qui est particulièrement relatif à notre députation.

Avant que la Constitution de l'an III fût connue à Saint-Domingue, les provinces de l'Ouest et du Sud, non représentées, avoient droit de nommer et d'envoyer leurs députés à la Convention nationale, chacune au nombre de six, d'après la loi du 22 août 1792, qui fixe à dix-huit la représentation accordée à Saint-Domingue, divisé en trois provinces. C'est pour user de ce droit que les généraux de brigade Bauvais et Rigaud, commandants dans l'Ouest et dans le Sud avoient demandé au mois de brumaire, an IV, au gouverneur Laveaux et à l'ordonnateur Perroud, la convocation des Assemblées primaires dans ces deux départemens, qui n'étoient point représentés à la Convention nationale, au desir de leurs

habitans

habitans qui vouloient resserrer de plus en plus
les liens qui unissoient ces belles contrées à la
Métropole, demande qui fut rejetée alors par
les premiers chefs de la Colonie. (Voyez le
rapport du citoyen Marec, sur la situation de
Saint-Domingue, pag. 29.)

Il est prouvé qu'en pluviôse suivant la Constitution de l'an III étoit connue à Saint-Domingue, puisque c'est d'après ses bases que la convocation des assemblées primaires et électorales
s'est faite dans l'Ouest et dans le Sud en germinal suivant, sur l'autorisation des chefs que
la loi du 5 thermidor, an III, avoit donnés à la
Colonie ; comme on peut s'en convaincre par
la proclamation des généraux de brigade Bauvais
et Rigaud, portant convocation des assemblées
primaires ; par la correspondance desdits généraux
avec le gouverneur Laveaux et l'ordonnateur
Perroud, et par le rapport du citoyen Marec,
du 11 ventôse, an V., pag. 30 et 31, 116 et
117. Pourquoi cette connoissance n'auroit-elle
pas paru suffisante, et ne le seroit pas en effet,
puisque les premières autorités dans la Colonie,
qui avoient reçu des nouvelles de France, par
la corvette la *Vénus*, avec des lois au nombre
desquelles se trouvoit la Constitution de l'an III,
acceptée par le peuple, ont donné leur consentement à la convocation des assemblées primaires
et électorales, conformément à cette Constitution,
et que depuis, les agents du Directoire exécutif
arrivés à Saint - Domingue, dont les pouvoirs
émanoient de cette même Constitution, se sont
installés, ont rendu plusieurs proclamations ;
ont appliqué à la Colonie plusieurs lois consti-
tutionnelles, et ont exercé enfin leurs fonctions
pendant plus de trois mois, sans avoir fait proclamer

ladite Constitution ? Ou les opérations faites à Saint-Domingue, en vertu de la Constitution de l'an III, avant l'arrivée des agents du Directoire exécutif, sont légales, ou celles desdits agents, jusqu'à la promulgation de la Constitution par eux faite trois mois après leur arrivée à Saint-Domingue, sont nulles, illégales et arbitraires, puisqu'ils n'avoient de pouvoir qu'en vertu de cette même Constitution ; mais non, ils ont reconnu que la Constitution avoit force de loi, à leur arrivée à Saint-Domingue (1), et ils n'eussent jamais cru sa promulgation nécessaire, s'ils n'avoient voulu tirer de sa non-promulgation une induction favorable à leurs vues ; telle que de déclarer nos élections illégales, et de donner à la Colonie une représentation pareille à celle qu'on a substitué à la première.

Avec le droit qu'avoient les parties de l'Ouest et du Sud de Saint-Domingue, non représentées, d'envoyer leurs députés au Sénat français, et sur la connoissance certaine qu'elles avoient d'une nouvelle Constitution, acceptée par le peuple ; de la clôture des travaux de la Convention nationale, comme pouvoir constituant ; et de la formation d'un nouveau Corps législatif, qu'elle étoit la conduite que devoient tenir les deux départemens de la Colonie non représentés ? c'étoit, ce me semble, en exerçant leur prérogative, de se

---

(1) Dans la lettre où Sonthonax déclare nos élections illégales, il dit : « Je rends justice à la pureté » de vos intentions, à votre zèle, à votre em- » pressement de donner à la France un prompt té- » moignage de votre *adhésion à la Constitution.* » Peut-on faire un aveu plus formel ?

conformer à ce que vouloit la Constitution de l'an III. Il suffit donc de savoir s'ils l'ont suivie, ou s'ils se sont écartés des bases qu'elle prescrivoit.

D'abord, pour se conformer à l'article de la loi du 5 thermidor, an III, qui dit : *Que toutes assemblées sont interdites à Saint-Domingue, si elles n'ont été permises et autorisées par le gouverneur et l'ordonnateur*; les habitans de l'Ouest et du Sud ont demandé leur autorisation pour la convocation des assemblées primaires et électorales, à l'effet de nommer leurs députés au Corps législatif, aux termes de la Constitution de l'an III, quoique l'article 27 de la Constitution porte : *Que les assemblées primaires s'assemblent de plein droit le premier germinal de chaque année.*

Le gouverneur et l'ordonnateur ayant donné leur autorisation, le 29 pluviôse, la convocation des assemblées primaires s'est faite dans toutes les communes de l'Ouest et du Sud pendant trois décades consécutives, aux époques prescrites par la Constitution de l'an III ; chaque administration municipale a réglé le nombre d'électeurs que les cantons devoient fournir, d'après les bases de leur population respective, ainsi que le veut l'article 33 de la Constitution. Et conformément aux articles 27 et 36 de ladite Constitution, les assemblées primaires se sont régulièrement tenues le premier germinal, et les électeurs se sont réunis le 20 du même mois, dans les lieux désignés pour la tenue de l'assemblée électorale; savoir, Léogane, pour celle de l'Ouest, et les Cayes, pour celle du Sud. Les formes constitutionelles ont été religieusement observées dans les assemblées électorales comme dans les assemblées primaires ; et pour lever toute espèce d'objection sur

L'esprit qui animoit les habitans de St. Domingue, et sur la sincérité de leur dévouement à la constitution de l'an III. Il est bon d'observer que tous les membres de l'assemblée électorale de l'Ouest ont, avant de procéder à l'élection des députés au Corps législatif, juré solennellement d'être fidèles à la République française une et indivisible, de maintenir de tout leur pouvoir la CONSTITUTION DÉCRÉTÉE PAR LA CONVENTION NATIONALE ET ACCEPTÉE PAR LE PEUPLE FRANÇAIS, et de choisir en leur âme et conscience les députés AU CORPS LÉGISLATIF qu'ils croyoient les plus dignes de la République.

Mais l'Ouest et le Sud ont nommé chacun six députés, tandis que le tableau de la représentation accordée à Saint-Domingue ne lui attribuoit que sept pour son tiers, par droit de la Convention nationale? J'observerai d'abord que ce tableau n'étant point parvenu à St. Domingue avec la Constitution, les assemblées électorales ont dû se conformer à la loi du 22 août 1792 qui fixoit à dix-huit le nombre des députés à nommer pour les trois provinces de la Colonie; et, en second lieu, que l'Ouest et le Sud n'étoient point représentés à la Convention nationale, qui n'avoit dans son sein que les six députés envoyés par le Nord. D'ailleurs cette difficulté pouvoit être levée par le Corps législatif, comme elle l'a été dans d'autres circonstances, par l'admission seulement du nombre requis et le renvoi des autres. C'est ainsi qu'il en a été à l'égard de la dernière députation de Saint-Domingue pour l'an V, composée de sept députés qu'il a réduite à quatre par sa décision du 28 fructidor dernier. Tel étoit le vœu des habitans de l'Ouest et du Sud de St.-Domingue qui ont déclaré dans leurs protestations contre l'élection de fructidor, an IV, faite au Cap, s'*en rapporter entièrement à la sagesse du Corps législatif pour le nombre de députés à admettre, et pour le choix des deux tiers de la Convention.*

Le seul vice qu'on puisse reprocher à notre élection est donc d'avoir nommé un plus grand nombre de députés que celui fixé par le tableau du premier vendémiaire, que nous ne connoissions pas. Ce vice est commun aux députations déjà admises, car, on n'avoit pas le droit de porter à six le nombre que devoit fournir la partie française de Saint-Domingue, dans l'élection de fructidor, an IV, et de réduire à un seul celui de la partie Espagnole de l'île ; et dans la députation de l'an V, on a commis la même erreur que dans la nôtre, parce qu'on ignoroit la réduction faite sur la représentation de Saint-Domingue. Cette erreur ayant été rectifiée par le Corps législatif à l'égard de la dernière députation, elle ne doit plus être un obstacle à opposer à notre admission.

Il s'agit maintenant d'examiner laquelle des deux élections de Germinal et de Fructidor de l'an IV, est la plus conforme à la Constitution et au vœu de nos commettans. Si l'une et l'autre étoient régulières, la nôtre devroit avoir le pas, comme antérieure ; elle l'emportera sûrement, si nous pouvons réussir à prouver qu'elle est entachée de beaucoup moins de vices que celle qui l'a suivie. Nous avons démontré, je crois, qu'on avoit ponctuellement suivi les formes prescrites par la Constitution dans la convocation et la tenue des assemblées primaires et électorales, de germinal, an IV. La seule objection fondée qu'on puisse nous faire, porte sur le nombre de députés nommés. Voici ce qu'on peut mettre en avant pour faire rejeter l'élection du 21 fructidor, an IV.

1°. La convocation des assemblées primaires, n'ayant pu être proclamée dans l'Ouest et dans le Sud, séparés du Nord par l'ennemi et par un trajet de mer considérable, que la veille du jour fixé pour leur tenue, les citoyens ayant droit d'y vôter, éloignés des chefs-lieux des cantons, n'ont pu ni en avoir connoissance, ni avoir le temps de s'y rendre pour y donner leur vœu. Aussi les assemblées primaires n'ont elles été composées que de quelques citadins du chef-lieu du canton, et l'article 19 de la Constitution qui dit, que *les assemblées primaires doivent être composées de 450 citoyens au moins, et de 900 au plus*, n'a pu être observé. Des communes de l'Ouest et la presque totalité de celles du Sud n'ont point tenu d'assemblée.

2°. Le nombre d'électeurs à fournir par chaque canton a été fixé arbitrairement par la commission du gouvernement, qui *déclare ne point connoître l'état de population de la Colonie*. Elle accorde à la partie du Nord un nombre d'électeurs double de celui des parties de l'Ouest et du Sud beaucoup plus populeuses, et viole en cela l'article 33 de la Constitution, qui veut que *chaque assemblée primaire nomme un électeur à raison de deux cents citoyens, présens ou absens, ayant droit de vôter dans ladite assemblée.*

3°. Elle a ordonné la réunion au Cap, lieu de sa résidence, de tous les électeurs de la Colonie pour former une seule assemblée électorale, malgré l'interception des communications par terre, et le danger de s'y rendre par mer, à des distances énormes , sans égard à la division existante de la partie française de Saint-Domingue en trois provinces ; division reconnue par la loi du 22 août 1792 , et par celle même du 10 Juillet 1791 , qui dit , article 6 du titre 2 , sur la division du territoire , que *la Colonie sera de plus divisée en trois grandes parties pour l'élection des députés au Corps Législatif ;* et a violé par là l'article 5 de la Constitution , qui veut que *les cantons conservent leurs circonscriptions actuelles,* jusqu'à ce que le Corps législatif , qui en a seul le droit , les ait changées ou rectifiées.

4°. la subordination , la cabale et la violence ont été employées pour obtenir les suffrages des électeurs en faveur des intrigans qui ont été nommés au Cap ; ce qui se trouve prouvé par les protestations des électeurs de plusieurs cantons de l'Ouest et du Sud , et par le témoignage univoque d'une infinité de particuliers et de fonctionnaires présents auxdits élections. On peut consulter , à cet égard , les protestations des électeurs des Cayes - Jacmel , de Léogane , du Grand-Goave , d'Aquin ; les lettres du général Chaulatte au général Rigaud ; celles du citoyen Vergniaud , député de l'an V , au cit. Peignières , publiées dans le *Républicain français* ; les écrits du citoyen Barbault-Royer , haut-juré national , nommé par ladite assemblée électorale ; le mémoire du citoyen Raymond , agent du Directoire exécutif à Saint-Domingue ; les conférences entre le général Toussaint-l'Ouverture et Sonthonax , et la réfutation de ce général au discours de Vaublanc , du 10 prairial, an V , etc. , etc.

5°. Plusieurs communes , comprises dans le tableau des électeurs à fournir à l'assemblée électorale du Cap, étoient en état de révolte, lors et après la convocation des assemblées primaires et électorales ordonnées par la proclamation du 19 thermidor, an IV, ce qui se trouve constaté par la proclamation de la commission du premier fructidor suivant, qui *déclare la partie du Nord en danger.*

6°. L'élection des députés faite en fructidor, au Cap, n'étoit point le résultat du vœu des habitans de Saint-Domingue, puisque deux communes du Sud avoient seules participé à l'élection, et que toutes les communes de l'Ouest et du Sud ont protesté contre elle, en maintenant de plus fort celle de germinal précédent. Voyez l'observation faite à l'assemblée électorale du Cap, par le citoyen Boisron jeune, électeur d'Aquin, dans le rapport du représentant Doulcet sur les élections de Saint-Domingue, du 5 ventôse, an V, pages 5 et 6. Voyez les protestations des communes du Sud et de l'Ouest. Il n'y a pas eu une réclamation contre notre élection.

Il est clairement démontré par tout ce qui vient d'être dit, que la députation de fructidor, an IV, est illégale sous tous les rapports, puisqu'elle ne remplit pas le vœu de ceux qu'elle dit représenter, qu'elle n'est que le résultat de la cabale et de l'intrigue de quelques ambitieux, et qu'on trouve dans les procédés qui lui ont donné l'existence, la violation manifeste de toutes les formes voulues par la Constitution de l'an III. Elle est le fruit des machinations de Sonthonax, qui a dicté à la commission tous les actes arbitraires qu'elle a commis. C'est lui qui a déclaré nulles et illégales les nominations de députés au Corps législatif faites dans l'Ouest et dans le Sud,

un

ūn mois avant son arrivée à Saint-Domingue ; usurpant en cela le pouvoir législatif, au mépris des articles 23 et 43 de la Constitution, qui attribuent au Corps législatif seul, *le droit de prononcer sur la validité des opérations des assemblées primaires et électorales.* C'est lui qui, dans les instructions fournies aux délégués dans l'Ouest et dans le Sud, leur a donné ordre de s'opposer au départ pour France des députés de germinal, an IV ; infraction évidente aux Droits de l'Homme et à la Constitution (1). C'est lui qui a lancé un mandat d'amener contre un député au Corps législatif, poursuivi depuis par ses délégués dans l'Ouest et dans le Sud, malgré les articles 111 et suivants de l'acte constitutionnel, relatifs à la garantie des membres présumés du Corps législatif. C'est lui enfin qui, par ses actes arbitraires, vexatoires et tyranniques, nous a fait courir les dangers que nous avons éprouvés pour venir réclamer en France la justice du Corps législatif et du gouvernement, auquel il nous a peints sous les couleurs affreuses de traîtres, allant offrir aux Anglais la mise en possession du territoire de la République à Saint-Domingue ; lorsque nous gémissions dans une horrible captivité chez nos plus implacables ennemis.

Si la commission chargée de l'examen et de la vérification de mes pouvoirs, expression franche et libre du vœu de mes commettans, les met en parallèle avec ceux extorqués par les députés contre

---

(1) " Vous nous rendrez compte également, est-" il dit dans les instructions, des élections faites au ". Corps législatif, et *provisoirement* vous vous oppo-" serez au départ des *prétendus* députés. "

C

lesquels je réclame, et si elle développe aux yeux du Conseil mes raisons, fondées sur pièces irrécusables, je ne doute pas qn'elle ne parvienne à dissiper l'erreur dans laquelle il a été induit, en admettant dans son sein, pour représentans de Saint-Domingue, des hommes chargés des crimes qui l'ont ensanglanté, et dont tous les habitans en masse dénoncent aujourd'hui la conduite (1).

Salut et respect.

Vive la République.

J. REY-DELMAS.

---

(1) A Dieu ne plaise que je veuille désigner sous le nom d'intrigants, ou comme auteurs des maux de Saint-Domingue, tous les individus qui composent la députation de fructidor, an IV ; ceux qui méritent ces qualifications doivent se reconnoître : ils sont signalés depuis long-tems à l'opinion publique. Je dois à la justice et à la vérité de déclarer qu'il en est parmi eux qui se montrent dignes de siéger parmi les représentans de la grande Nation, et qu'on ne les confondra jamais avec les Lebon et les Carrier des Antilles.

De l'Imprimerie des Affiches du Jour, place du Palais-Égalité, n°. 1, au coin de la rue Fromanteau.

SUPPLÉMENT

AUX RÉFLEXIONS

Soumises à la Commission chargée du rapport à faire sur le Procès-Verbal de l'Assemblée Electorale du Département de l'Ouest de Saint-Domingue, tenue à Léogane, le 20 Germinal, an IV.

J'IGNORE si la Constitution de l'an III est arrivée au Cap officiellement par la Corvette *la Vénus*, mais ce qu'il y a de certain, c'est que cette Constitution a été apportée par le capitaine Desageneaux, commandant ladite Corvette, qui a certifié et attesté son acceptation par le Peuple français, au bas d'un exemplaire qui a été réimprimé au Cap, chez Roux, et envoyée dans les départemens de l'Ouest et du Sud, au nombre de quelques cents exemplaires ; que c'est d'après cela que la demande de la convocation des Assemblées primaires et Électorales pour l'Ouest et pour le Sud, fut faite aux administrateurs en chef Laveaux et Perroud, qui donnèrent leur adhésion à ladite convocation, le 29 Pluviôse,

A

ainsi que je l'ai déjà dit ; et ce qui porteroit à croire que l'envoi officiel de ladite Constitution avoit été fait aux chefs de la Colonie, c'est sa mise en activité par les agens du Directoire, sans l'avoir faite promulguer, et le silence des instructions données aux agens du Directoire, sur ladite promulgation. (Voyez le rapport de Marec, page 68.)

Au reste, il y a plusieurs exemples dans la Colonie où des lois non-promulguées, pas même envoyées par aucune autorité, y ont été mises en vigueur ; on en trouve plusieurs dans la première mission de Polverel et Sonthonax. (Voyez les débats entre les accusateurs et les accusés dans l'affaire des Colonies.) La Constitution de 1793 a été proclamée par eux sur la simple connoissance qu'ils en avoient prise dans les gazettes anglaises, etc.

Si des circonstances imprévues, une force majeure, ou la malveillance s'opposoient à l'envoi officiel d'une loi portant bénéfice à une section de la République, et que cette section eût la connoissance certaine de l'existence de cette loi ; ne pourroit-elle pas se l'appliquer sans attendre son arrivée officielle ; sur-tout, lorsque aucun inconvénient ne résulteroit de sa mise en activité, et que le plus grand préjudice, au contraire, pourroit survenir de son inexécution ? Pouvoit-il résulter quelque inconvénient de l'acceptation spontanée de la Constitution de l'an III, par le Peuple de Saint-Domingue, privé depuis long-tems de toute espèce de lois, et voulant être régi par celles de la Mère-Patrie qu'il chérissoit, et à laquelle il désiroit de s'unir par des liens indissolubles ?

Si les lois qui ont anéanti le gouvernement monarchique, pour lui susbtituer le gouvernement républicain, n'avoient pu parvenir de long-tems à Saint-Domingue, auroit-on blâmé ses habitans de les adopter provisoirement ? eût - on préféré qu'ils eussent continué d'obéir aux ordres du tyran et qu'ils eussent accueilli les princes de Coblentz ? On sent l'inconvénient qui eût résulté d'une pareille marche, et tout l'avantage de l'adoption des lois nouvelles, sans attendre leur arrivée officielle.

On n'a point trouvé mauvais, dans le tems, que les grands planteurs, *princes colons*, ayent, sans y être autorisés, formé des Comités, des Assemblées Provinciales et Coloniales, nommé, sans formes légales, et envoyé leurs affidés à l'Assemblée nationale qui les a admis dans son sein ; on n'a point blâmé Sonthonax d'avoir prononcé l'affranchissement général des esclaves, lorsque aucune loi existente ne l'autorisoit à prendre précipitamment une telle mesure, qui, sans être préparée, devoit amener les résultats les plus funestes, et compromettre la propriété et la vie de tous les Européans et indigènes libres ; bien plus, on lui en a fait un mérite (1). On n'a pas fait

-----

(1) Mes ennemis auront peut-être l'audace de dire que j'emprunte ici le langage des détracteurs de la liberté des Noirs ; mais je leur imposerai bientôt silence, en leur prouvant que j'en suis au contraire

un crime à ce *Verrès* d'avoir activé le terrorisme dans toute son horreur, à sa première mission à Saint-Domingue, avant que Robespierre eût conçu le projet de l'établir en France, et de l'avoir reporté dans sa seconde mission, malgré la chûte du nouveau tyran et de son affreux systême (1); et l'on nous blâmeroit, nous, d'avoir, en suivant l'impulsion de notre cœur, et en usant de nos droits, donné notre adhésion à la sainte Constitution de l'an III, devenue obligatoire pour toutes les parties intégrantes de la République, dès l'ins-

---

le plus chaud partisan. Ceux qui me connoissent ne me supposeront pas l'intention d'avoir voulu jeter de la défaveur sur une mesure qui a rendu à l'humanité avilie, la justice réclamée depuis des siècles par la raison et la philosophie. J'ai fait depuis long-tems ma profession de foi à ce sujet, et la conduite que j'ai tenue à Saint - Domingue, dans le cours de la révolution, ne doit laisser aucun doute sur mon opinion à cet égard. Je suis l'un de ceux qui ont le plus contribué à la propagation des principes de Liberté et d'Égalité aux Antilles : je réclame en cela le témoignage même de Sonthonax. J'ai cité seulement cet exemple, afin de prouver qu'on n'a pas toujours attendu l'arrivée officielle des lois de la République à Saint-Domingue, pour les lui appliquer ou les adopter.

(1) On ne doit pas tirer non plus de cet article une induction défavorable à mes principes. Je suis aussi ennemi des Royalistes que des Anarchistes ; et la tyrannie des Robespierre me paroît aussi odieuse et aussi intolérable que celle des Capet.

tant de son acceptation par la majorité du Peuple français !

Ne sommes-nous pas assez malheureux à deux mille lieues de la Métropole , entourés d'un élément douteux et d'ennemis dangereux , d'être privés de la plupart des bienfaits de la Révolution , sans avoir encore à repousser les lois qui , à travers tous les obstacles , viennent nous offrir une partie de ces bienfaits , parce que ces mêmes lois , que mille entraves arrêtent au-delà du tropique , ne nous arriveroient pas revêtues des formes exigées ! Ces formes peuvent être de rigueur pour les départemens contigus ; elles doivent même l'être pour tous , lorsque les difficultés existentes cesseront ; mais dans le cas actuel elles ne peuvent être invoquées avec sévérité. Le Corps législatif n'est pas un conseil de praticiens rigoristes , qui font tout plier sous le poids des formes ; c'est une assemblée de Législateurs sages et prudens qui doivent faire accorder la justice à la raison et à la politique , et sacrifier le mieux apparent au bien réel.

Il est des cas sans doute où la promulgation et l'enregistrement d'une loi sont de nécessité absolue. Si des individus étoient accusés et poursuivis pour n'avoir pas exécuté une loi rendue, ils pourroient avec raison arguer de la non-promulgation de ladite loi ; mais peut-on blâmer une section de la République de s'être soumise d'avance volontairement à une loi connue et commune à tous, qui n'étoit pas, dit-on, obligatoire pour elle, parce qu'elle n'étoit pas encore promulguée ; lorsque sur-tout l'acceptation spontanée de cette loi n'a nui aux intérêts de personne ? Avions-nous l'initiative ?... Eh bien ! nous avons opté en républicains zélés, impatiens de donner à nos frères d'Europe un témoignage authentique de notre soumission et de notre attachement inviolable aux lois qu'ils avoient consenties. Notre patriotisme et notre dévoûment seroient-ils dignes de censure ?

On nous reprochera peut-être encore de n'avoir pas suivi les lois des 5 et 13 fructidor, an III. Je répondrai d'abord, que nous n'avions point fourni de députés à la Convention ; en second lieu, que nous n'avions pas le tableau des membres composant la Convention nationale ; troisièmement, que nous ne connoissions pas un seul individu parmi eux ; et qu'il eût été parconséquent bien difficile à nous de distinguer dans leur nombre ceux qui étoient les plus dignes de fixer nos choix ; quatrièmement, que nous avons cru plus sage de nous en rapporter au Corps législatif pour ces choix ; cinquièmement enfin, que le reproche qu'on nous fait est hors de propos et inutile aujourd'hui, puisque, quand bien même nous aurions rempli l'article 2 du titre premier de la loi du 5 fructidor, et les articles 1, 3 et 4 de celle du 13, les élections que nous aurions faites eussent été vaines, et auroient eu le sort de celles de la Guiane et du Cap, qui ont été regardées comme non avenues, conformément à l'article 18 de la loi du 20 nivôse, an V.

Quelles sont donc les objections qu'on a encore à nous faire ?...... Telles quelles soient, elles céderont toujours à la raison et à la justice, qui est irrévocablement attachée à notre cause, et elles ne parviendront jamais à détruire les irrégularités et les vices monstrueux de la députation dont Sonthonax fait partie. Ah! si les malheureux habitans de Saint-Domingue, blancs, rouges ou noirs, victimes muettes du machiavélisme de ce despote du nouveau monde, pouvoient faire entendre leurs voix plaintives dans le sanctuaire des lois, les représentans du peuple pâliroient d'indignation au récit des manœuvres infâmes employées par cet intrigant ambitieux, pour se parer du titre sacré qui devoit soustraire sa tête coupable au glaive de la justice !

Plain de respect pour les décisions des Pères de la Patrie, le silence de nos Commettans prouve leur soumission aux volontés de la France; mais ils gémissent en secret de voir que l'erreur, étouffant la vérité, assure à leurs ennemis le succès, et les maintient, contre leur vœu, au poste qu'ils ont usurpé.

J. REY-DELMAS.

Paris, ce 30 Pluviôse, an VI de la République, une et indivisible.

De l'Imprimerie des Affiches du Jour, place du Palais-Égalité, n°. 1, au coin de la rue Fromanteau.

RÉCAPITULATION

Des infractions aux lois, et des violations de la Constitution de l'an III, qui doivent faire annuller l'élection de députés au Corps Législatif, faite au Cap français, île de Saint-Domingue, le 21 fructidor, an IV.

Infractions aux lois non abrogées, antérieures à la Constitution de l'an III, par la proclamation des agents particuliers du Directoire exécutif à Saint-Domingue, du 19 thermidor, an IV, portant convocation d'Assemblées Primaires et Électorale.

Loi du 10 juillet 1791, qui dit, article 6 du titre 2, sur la division du territoire de la partie française de Saint-Domingue, que « la Colonie » sera de plus divisée en *trois grandes parties*, » *pour l'élection des députés au Corps Législatif.* » On s'est autorisé de l'article premier du titre 2 de ladite loi, pour réunir au Cap, lieu de la résidence des agents du gouvernement, les Électeurs des trois Départemens de la partie française de Saint-Domingue en une seule Assemblée Électorale ; tandis que, comme on le voit, l'article 6 du même titre de la même loi s'expliquoit formellement à cet égard. Mais il falloit influencer

D

les choix et réunir les suffrages en sa faveur ; ce qu'on ne pouvoit pas se promettre en se conformant aux lois.

Loi du 22 août 1792, qui dit, article 2, que « la partie française de l'île de Saint-Domingue » nommera dix-huit députés, entre *les trois Provinces de la Colonie.* » Sonthonax n'a pas péché par ignorance, lorsqu'il a méconnu la division existante de la partie française de Saint-Domingue en trois Provinces, puisqu'il avoit fait exécuter cette même loi, lors de la nomination qu'il fit faire au Cap de six députés à la Convention nationale, pour représenter la province du Nord, en septembre 1793.

Violations de la Constitution.

Article 5, qui veut, que *les Cantons conservent leurs circonscriptions actuelles*, jusqu'à ce que le Corps Législatif, qui s'en réserve le droit, les ait *changées ou rectifiées.* Les agents du gouvernement ont changé la division existante de la Colonie.

Article 7, qui dit que « *le Corps Législatif* » déterminera la division de l'île de Saint-Do- » mingue en quatre Départemens *au moins*, en six » *au plus.* » Les agents n'ont formé des trois grandes parties de la Colonie qu'un seul Département.

Article 19, qui veut que « chaque Assemblée » Primaire soit composée de quatre cent cinquante » citoyens *au moins*, de neuf cents *au plus.* » La précipitation mise à dessein dans la convocation des Assemblées Primaires, l'éloignement des lieux, et le court intervalle entre la convocation et la tenue desdites Assemblées, n'a permis, dans l'Ouest et dans le Sud, dont les communications avec le Nord sont très - difficiles et très - dangereuses, qu'à quelques habitans des villes d'en être instruits ; les propriétaires des campagnes et les cultivateurs, qui forment la partie la plus nombreuse et la plus précieuse des citoyens, n'ont pu avoir connoissance à tems de la convocation des Assemblées primaires : delà, le petit nombre de votans. Des communes, qui d'après leur population devoient avoir plusieurs Assemblées Primaires, n'en ont formé qu'une dans le cheflieu du Canton, composée des seuls citadins. Le Canton de Jacmel, qui, en germinal précédent, avoit eu cinq Assemblées Primaires, en raison du nombre de citoyens ayant droit d'y donner leur suffrage ç n'a eu, en fructidor, qu'une seule Assemblée Primaire, dans laquelle environ deux cents votans ont exprimé le vœu de plus de quatre mille citoyens habiles à voter. Il en a été de même dans la plupart des Cantons du Nord, de l'Ouest et du Sud qui ont obéi à la proclamation du 19 thermidor. (Voyez à ce sujet le rapport du représentant Rousseau, fait en ventôse dernier, sur les élections du Cap.)

Article 24, qui porte que *nul ue peut paroître en armes dans les Assemblées Primaires.* (Voyez dans les protestations particulières des Électeurs de l'Assemblée Électorale du Cap, et dans les écrits de divers fonctionnaires publics et autres particuliers, la conduite tenue par le général Pierre Michel.)

Article 27, qui fixe la tenue des Assemblées Primaires *au premier germinal de chaque année.* Celles convoquées par la proclamation du 19 thermidor ont eu lieu en fructidor.

Article 32, qui prononce contre la subornation des votans et l'accaparement des suffrages. L'intrigue, la cabale, la subornation et la violence ont dirigé les choix des Électeurs. (Voyez les diverses pièces qui attestent ces faits.)

Article 33, portant que « chaque Assemblée » Primaire nomme un Électeur à raison de deux » cents citoyens présents ou absents, ayant droit » de voter dans ladite Assemblée, que jusqu'au » nombre de trois cents citoyens inclusivement » il n'est nommé qu'un Électeur ; qu'il en est » nommé deux depuis trois cents jusqu'à cinq » cents ; trois, depuis cinq cents jusqu'à sept » cents ; quatre, depuis sept cents un jusqu'à » neuf cents. » La proclamation du 19 thermi-dor, dans laquelle les agents du gouvernement déclarent *ne point connoître le recensement de la population coloniale*, fixe arbitrairement le nombre d'Électeurs que chaque Canton doit fournir. Elle accorde cent trois Electeurs à la partie du Nord, où ils résidoient, dont la population a le plus souffert par l'effet de la guerre civile, des insurrections et de l'émigration, et dont plusieurs Communes étoient en état de révolte avant et après la tenue de l'Assemblée Électorale du Cap ; tandis quelle fixe à cinquante-six le nombre d'É-lecteurs que les parties les plus florissantes et les plus populeuses de la Colonie devoient fournir à ladite Assemblée Électorale. (Voyez la procla-mation du 19 thermidor, an IV.)

Article 36, qui détermine l'époque de la tenue des Assemblées Électorales de *chaque Département au 20 germinal de chaque année*. Celle du Cap a eu lieu le 21 fructidor.

Le même article suppose qu'il y a une Assem-blée Électorale *par chaque Département* ; néan-moins la proclamation du 19 thermidor, convoque une seule Assemblée Électorale pour les trois Départemens, ou les trois grandes parties de la Colonie, connues de tout tems sous le nom de provinces du Nord, de l'Ouest et du Sud; division territoriale approuvée par la loi du 10 juillet 1791, et par celle du 22 août 1792, suivie par Sonthonox lui - même en 1793; lorsqu'il a fait nommer six députés à la Convention nationale pour représenter la province du Nord; division présumée par l'article 7 de la Constitution qui dit, que " le Corps Législatif déterminera la " division de l'île de Saint-Domingue en *quatre* " *Départemens au moins*, en six au plus, " et confirmée enfin par la loi du 4 brumaire dernier, sur la division constitutionnelle du territoire des Colonies occidentales.

Violation des Droits de l'Homme.

Article 20, qui accorde à " chaque citoyen un " droit égal de *concourir* immédiatement ou " médiattement *à la nomination des Représentants* " *du Peuple*, " Tous les citoyens de Saint-Domingue, ayant les qualités requises pour voter dans les Assemblées Primaires, n'ont point donné et n'ont pu donner leur suffrage dans celles de fructidor, an IV, vu la précipitation qu'on a mise dans leur convocation faite la veille seulement de leur tenue. La publication de la proclamation du 19 thermidor, s'est faite dans l'Ouest et dans le Sud le 10 fructidor, et les Assemblées Primaires devoient avoir lieu le 11. (Voyez les protestations des Cantons de l'Ouest et du Sud contre la nomination de députés faite au Cap, le 21 fructidor, an IV.)

Violations de la Constitution à l'égard des députés au Corps Législatif, élus en germinal, an IV, (1).

Articles 23 et 43 , qui attribuent « au Corps » Législatif seul le droit de *prononcer* sur la vali- » dité des opérations des Assemblées Primaires » et Électorales. » L'agent Sonthonax a déclaré les nominations de députés au Corps Législatif faites en germinal, an IV, nulles et illégales, et a mis opposition à leur départ pour France. (Voyez sa lettre au général Rigaud et les instructions données aux délégués dans le Sud, Leborgne , Rey et Kerverseaux.)

Article 111 et suivants , sur la garantie des membres du Corps Législatif ; les agents du gouvernement ont lancé un mandat d'amener contre un député du Sud au Corps Législatif ; et les délégués desdits agents ont prononcé contre ledit député une espèce de mise hors la loi. (Voyez les pièces relatives à cet objet.)

Article 156 , qui n'accorde aux agents particuliers du Directoire exécutif, dans les Colonies, que l'exercice des mêmes fonctions qui lui sont attribuées. Lesdits agents à Saint-Domingue ont usurpé le pouvoir législatif , en *prononçant sur la validité de nos élections* , et ont violé tous les principes en s'opposant à notre départ pour France.

---

(1) Quoique les articles suivants , qui nous concernent , n'ayent aucun rapport aux vices reprochés à l'élection du Cap . je n'ai pas cru hors de propos de les ajouter aux précédents , les faits qu'ils contiennent étant liés à la cause que nous plaidons.

Violations des Droits de l'Homme à notre égard.

Article 7 , qui porte que "ce qui n'est pas „ défendu par la loi *ne peut être empêché.* „ Il n'y avoit pas de loi qui nous privat du droit d'aller porter nos réclamations au Corps Législatif et au Directoire exécutif ; cet article a donc été violé par l'ordre donné aux délégués des agents du gouvernement dans le Sud , de *s'opposer au départ pour France* des députés de Saint-Domingue au Corps Législatif.

Article 8 , qui dit que " nul ne peut être „ appellé en justice , accusé , arrêté ni détenu „ que *dans les cas déterminés par la loi* , et selon „ les formes qu'elle a prescrites. „ La Constitution s'opposoit à ce qu'un membre présumé du Corps Législatif fut poursuivi , hors les cas déterminés par elle. Les agents du gouvernement ont donc violé l'article 8 des Droits de l'Homme , en poursuivant et fesant poursuivre un député au Corps Législatif.

Enfin , l'article 9 , qui déclare "coupables et „ exige la punition de ceux qui sollicitent , „ expédient , signent , exécutent ou font exécuter „ des *actes arbitraires* , „ est applicable à Sonthonax et à ses complices , pour tous les actes arbitraires qu'il a commis ou fait commettre à notre égard.

Qu'à toutes les infractions aux lois et les violations manifestes de la Constitution que nous avons citées plus haut , pour prouver l'illégalité de l'élection de fructidor , an IV , on ajoute les vices particuliers et les irrégularités dont ladite élection se trouve entâchée ; les circonstances dans lesquelles l'Assemblée Electorale du Cap s'est tenue ; (*la partie du Nord étoit en danger*) la partialité qu'on a mise dans la proportion des Electeurs à fournir par chaque Canton ; la pré-cipitation avec laquelle on a procédé à l'élection, au point qu'il n'y avoit que trois Electeurs du Sud à l'Assemblée Electorale du Cap ; l'impru-dence et le danger de réunir sur un seul point d'une île qui a plus de 400 lieues de côtes, les Electeurs de tous les Cantons de la Colonie, séparés les uns des autres, par une étendue de terrein immense, par un trajet de mer considé-rable couvert de vaisseaux ennemis, et dont les communications par terre sont absolument inter-ceptées par les Anglais réunis aux Emigrés ; l'immoralité des intrigans ambitieux fesant partie de la députation du Cap, que des moyens hon-teux et improuvés par la loi ont investis du caractère sacré de représentans du peuple, qui ne tiennent à la Colonie par aucun lien, et auxquels les habitans de Saint-Domingue de toutes les classes et de toutes les couleurs ont à reprocher la plupart des maux qu'ils ont éprouvés ; (1) qu'on examine ensuite la conduite de ces désorganisateurs de notre in-fortuné pays, qui ne font usage de la qualité de députés de Saint-Domingue, qu'ils ont usurpée, que pour lancer la calomnie et la proscription sur les plus zélés défenseurs de la République, sur cenx qui jusqu'à ce jour ont conservé, au prix de leur sang, cette Colonie à la France, malgré les efforts réunis des ses plus cruels en-nemis ; qu'on réunisse, dis-je, tous ces vices aux infractions aux lois et aux violations de la

---

(1) Voyez la cinquième note de mes Réflexions.

Constitution

Constitution précitées, et l'on sera convaincu, je pense, qu'une députation aussi monstrueuse ne peut souiller plus long-tems l'auguste enceinte du sanctuaire des lois, et siéger à côté des Représentans épurés de la grande Nation.

J. REY-DELMAS.

Paris, le 30 pluviôse, an 6, de la République, une et indivisible.

E

Paris, le 20 ventôse, an 6, de la République, une et indivisible.

J. REY-DELMAS,

Député de Saint-Domingue au Corps-Législatif,

Au Représentant du Peuple CHOLET, rapporteur de la Commission chargée de la vérification des pouvoirs dudit Rey-Delmas.

CITOYEN-REPRÉSENTANT,

Encore une observation essentielle qui m'a échappé dans les réflexions que j'ai soumises à la Commission chargée de l'examen de mes pouvoirs.

A l'objection qu'on pourroit nous faire de la non-promulgation de la Constitution de l'an III, et de la non-exécution des lois des 5 et 13 fructidor, lors de notre élection en germinal, an

IV (1), j'ai encore à répondre que la Constitution de l'an III a été proclamée par les agens

---

(1) Envain l'ex-gouverneur Laveaux, aujourd'hui membre du Conseil des Anciens, l'un des députés de Saint-Domingue, contre lesquels nous réclamons, divaguant sur l'objet du rapport qu'il étoit chargé de faire sur la résolution du Conseil des Cinq-Cents, concernant les dernières élections de la Colonie de Saint-Domingue, à intercallé dans ce rapport, étranger à notre affaire, de longues phrases pour prouver la nullité des élections de germinal, an IV; la non-publication prétendue de la Constitution de l'an III, sur laquelle il se fonde, ne sauroit invalider nos élections.

Il a refusé, à la vérité, pendant trois mois, son adhésion à la convocation des Assemblées Primaires de l'Ouest et du Sud, non en vue, comme il le dit, d'*éviter les malheurs* qui pouvoient résulter de la réunion des habitans de ces deux Départemens en Assemblées Primaires et Electorales, à l'effet de prouver à la Mère-Patrie leur attachement à la République et leur soumission à ses lois; mais pour empêcher la France d'être instruite, par l'organe des Représentans immédiats de Saint-Domingue, des vérités utiles à lui faire connoître; vérités que le gouverneur et l'ordonnateur avoient le plus grand intérêt de lui cacher.

Enfin, l'ex-Gouverneur avoue qu'il a « commis l'*il-» légalité* de donner son consentement à la tenue des « Assemblées primaires. » *Habemus confitentem reum.* Il a commis aussi l'*illégalité* de publier, dans ses ordres et dans ses lettres aux autorités secondaires et aux présidens des assemblées, les articles de la Constitution de l'an III, relatifs aux formes voulues par elle dans la tenue des Assemblées primaires et électorales; et il du Directoire exécutif, débarqués au Cap en floréal, trois mois après leur arrivée, à la fin du

---

n'est résulté desdites Assemblées tenues *constitution- nellement, sans troubles, sans intrigue, sans cabale, mais avec la liberté la plus entière et le calme le plus profond*, d'autre *malheur* que celui d'avoir donné à la Colonie, des Représentans probes, intacts, attachés à Saint-Domingue par des liens qui doivent leur faire desirer son prompt rétablissement et sa prospérité, amis éprouvés de la République, ennemis jurés *de la tyrannie, de l'anarchie et du désordre*, capables enfin de dévoiler aux yeux de la France *la conduite criminelle des faux amis de Saint-Domingue*, et les causes véritables de ses calamités.

Voilà donc l'autorisation exigée par la loi du 5 thermidor, an III, et la publication de la Constitution prouvées par les aveux de l'ex-gouverneur et par ses écrits, Nos commettans ont donc pu procéder légalement à l'élection de leurs députés au Corps Législatif. Il suffira de lire la correspondance des chefs de Saint-Domingue, ayant rapport à l'objet dont il s'agit, pour se convaincre que le consentement des premières autorités de la Colonie ne leur a pas été *arraché*, comme le soutient le rapporteur, *par la violence, et les menaces*, mais bien par la force de la raison.

J'ai réfuté d'avance, dans mes réflexions, les faux contenus dans le rapport du 15 ventôse, au sujet de la division du territoire de Saint-Domingue, par les citations que j'ai faites de l'article 6 du titre premier de la loi du 10 juillet 1791 et de l'article 2 de la loi du 22 août 1792, suivie en 1793 pour l'élection des députés de la province du Nord à la Convention nationale ; je n'ai besoin de rien ajouter à ces preuves de l'insigne mauvaise-foi de ceux qui nient l'existence d'une division attestée par les susdites lois, mois de thermidor et qu'elle a été publiée en fructidor suivant ; que les Cantons des départemens de l'Ouest et du Sud ont, DEPUIS, *confirmé et maintenu de plus fort les élections de germinal, an IV,* dans leurs protestations contre la nomination de nouveaux députés faite par l'Assemblée Electorale tenue au Cap, le 21 fructidor, et *déclaré s'en rapporter entièrement à la sagesse du Corps Législatif pour le nombre de députés à admettre,* et POUR LE CHOIX DES DEUX TIERS DES MEMBRES DE LA CONVENTION, qui, d'après lesdites lois des 5 et 13 fructidor, devoient former le complément de la représentation de Saint-Domingue. Or, il résulte de là, qu'on ne peut nous opposer la non-promulgation de la Constitution, puisque *l'opération par laquelle nos commettans ont confirmé et maintenu notre élection,* est POSTÉRIEURE *à la promulgation de la Constitution ;* et le Corps Législatif ne peut qu'applaudir à la détermination prise par les habitans de deux Départemens, éloignés de deux milles lieues de la France, ne connoissant en aucune manière les membres composant la Convention Nationale, *dans laquelle ils n'étoient point représentés,* de laisser à sa sagesse le choix des Conventionels qu'ils avoient à nommer ; sur-tout, lorsque, par l'effet des lois subséquentes, les élections des Départemens d'outremer, ordonnées par les lois des 5 et 13 fructidor, *ont été déclarées comme non avenues,* le Corps Législatif s'étant rempli lui-même.

J'ajouterai, à la suite de mon observation, que la commission ne doit pas perdre de vue